Erfolgreiche Führung durch Motivation
Michael Lorenz
Dr. Saskia Lucht

I0485494

Michael Lorenz
Dr. Saskia Lucht

Erfolgreiche Führung durch Motivation

3. Auflage

Copyright © 2015, 2020, 2026
Michael Lorenz, Dr. Saskia Lucht, Autoren
grow.up. Managementberatung GmbH
Quellengrund 4, 51647 Gummersbach
lorenz@grow-up.de
Tel.: 02354/70890-0
www.grow-up.de
Redaktion: Ilona Haselbach, grow.up.
Managementberatung GmbH
Cover: Bilderstellung mit KI/ChatGPt

3. Auflage 2026

ISBN-13: 978-1517749477
Imprint: Independently published

Alle Rechte, insbesondere das Recht der Vervielfältigung
und Verbreitung sowie der Übersetzung liegen bei den
Autoren. Kein Teil des Werkes darf in irgendeiner Form
(durch Fotokopie, Mikrofilm oder ein anderes Verfahren)
ohne schriftliche Genehmigung der Autoren reproduziert
werden oder unter Verwendung elektronischer Systeme
verarbeitet, vervielfältigt oder verbreitet werden.

Inhaltsverzeichnis

Vorwort

Nutze die Talente, die du hast. Die Wälder wären sehr still, wenn nur die begabtesten Vögel sängen.
Henry van Dyke

Das Thema Motivation gewinnt im heutigen Führungsalltag immer mehr an Bedeutung. Nur durch die richtige Motivation können Sie das volle Potenzial Ihrer Mitarbeiter ausschöpfen und gemeinsam dazu beitragen, den Erfolg Ihres Unternehmens weiter auszubauen. In diesem Booklet erfahren Sie, wie Sie unterschiedliche Mitarbeiter bestmöglich motivieren und welche konkreten Methoden Sie dafür einsetzen können.

Michael Lorenz   Dr. Saskia Lucht

Gummersbach, im Januar 2026

Erfolgreiche und nachhaltige Motivation Ihrer Mitarbeiter

Führen Sie sich bitte vor Augen, dass die Dinge, für die wir uns engagieren, eine individuelle Bedeutung für uns haben und wir unsere persönlichen Bedürfnisse befriedigen müssen. Es ist also unter anderem auch der Grad der Bedürfnisbefriedigung, den wir mit einer Aufgabe erreichen, der mit darüber entscheidet, wie ausdauernd und energisch wir uns bei der Zielverfolgung verhalten. Je stärker wir darauf hoffen dürfen, dass mit einer Tätigkeit unsere Bedürfnisse befriedigt werden, desto wichtiger ist es uns, dieses Ziel auch weiterhin zu verfolgen. Versuchen wir, diesen Gedanken auf die Motivation Ihrer Mitarbeiter zu übertragen.

Damit Ihnen dies gelingt, stellen wir Ihnen im Folgenden ein einfaches, robustes und praktikables Modell vor, das hilfreich dabei ist, die unterschiedlichen Motivationen der eigenen Mitarbeiter zu erkennen und zu verstehen. Dieses Modell baut auf den Annahmen von McClelland auf, der davon ausging, dass die Motivation eines Menschen aus drei dominierenden Bedürfnissen resultiert (McClelland et al., 1953). Diese drei zentralen Bedürfnisse spielen nach unserer Erfahrung auch im beruflichen Alltag eine zentrale Rolle: Anschluss, Leistung und Macht.

Ein Anschlussmotiv bedeutet, dass Mitarbeiter gerne die Aufgaben übernehmen, bei denen sie mit anderen zusammen arbeiten können und hierdurch *Anschluss* an das Team finden. Diese Mitarbeiter verhalten sich oft integrativ, indem sie andere miteinbeziehen und Rücksicht auf ihre Teammitglieder nehmen. Sie sind oft sozial sehr kompetent und vermeiden es, durch ihr Verhalten andere zu verärgern.

Ein Leistungsmotiv dagegen bedeutet, dass Mitarbeiter an der Aufgabe an sich Gefallen finden und insbesondere an dem Ergebnis der Aufgabe interessiert sind. Ob sie dies nun alleine tun oder in Gesellschaft, ist in erster Linie gleich. Die Motivation kommt hier aus der inneren erlebten Befriedigung über die erbrachte Leistung.

Ein Machtmotiv bedeutet, dass Mitarbeiter gerne, z. B. in einem Projekt, Entscheidungen treffen. Diese Entscheidungen können entweder für sie selber oder aber auch für andere getroffen werden. Es geht wortwörtlich darum, *Macht* zu haben, Verantwortung zu übernehmen, zu gestalten und zu bewegen. Dieses Motiv ist häufig in den Reihen von Führungskräften anzutreffen.

Woran können Sie erkennen, ob Ihre Mitarbeiter anschluss-, leistungs- oder machtmotiviert sind?

Das möchten wir Ihnen gerne im Folgenden erklären. Hierfür eignen sich einfache Checklisten, anhand derer Sie durch verschiedene Fragen herausfinden können, welche Motivationsneigung Ihr Mitarbeiter hat. Um die Fragen zu beantworten, stellen Sie sich dabei ganz konkret einen Ihrer Mitarbeiter vor. Gibt es beispielsweise eine Mitarbeiterin, die Ihnen schon einmal dadurch aufgefallen ist, dass sie sich den anderen gegenüber besonders fürsorglich und verständnisvoll benimmt? Ist diese Mitarbeiterin beispielsweise immer gleich zur Stelle, um den anderen zu helfen? Versuchen Sie die folgende Tabelle für genau diese Mitarbeiterin zu beantworten und am Ende werden Sie feststellen, ob die Form der Anschlussmotivation auf Ihre Mitarbeiterin zutrifft.

Checkliste: Ist Ihre Mitarbeiterin anschlussmotiviert?

Verhalten	ja	nein
Sie bezieht andere ein.		
Sie kümmert sich um andere.		
Sie übernimmt zwischenmenschliche Organisationsaufgaben (z. B. Planung der nächsten Weihnachtsfeier).		
Sie beklagt sich gelegentlich darüber, *immer für alle da sein zu müssen*.		
Sie engagiert sich für andere.		
Sie kommuniziert offen.		
Sie verpflichtet sich zwischenmenschlich.		
Sie ist empathisch und uneigennützig.		
Sie ist sicherheitsbedürftig.		
Sie agiert hilfsbereit und unterstützend.		
Sie ist sensibel.		
Sie ist harmoniebedürftig.		
Sie arbeitet gerne im Team.		
Sie besitzt ein ausgeprägtes Gerechtigkeitsgefühl.		
Sie freut sich über persönliche Ansprache.		
Sie benötigt nach Konflikten eine Aussprache.		

Vielleicht haben Sie jetzt festgestellt, dass die Mehrzahl der Verhaltensaussagen auf Ihre Mitarbeiterin zutrifft. Das bedeutet schlichtweg, dass für diese konkrete Mitarbeiterin eine zentrale motivierende Kraft besteht: Dies ist der Kontakt zu den Kollegen und Kolleginnen. Die anschlussmotivierte Grundorientierung, die Sie bei Ihrer Mitarbeiterin festgestellt haben, können Sie sich mit dem folgenden Satz gut zusammenfassen und merken:

Das Motto der Anschlussmotivierten

"Es ist nicht so wichtig, was wir hier wie tun. Hauptsache, wir tun es gemeinsam."

Welche Maßnahmen können Sie konkret ergreifen, um anschlussmotivierte Mitarbeiter zu motivieren?

Denken Sie noch einmal an die Checkliste, die Sie oben ausgefüllt haben. Dort konnten Sie sich bereits einige Eigenschaften und Verhaltensweisen einer anschlussmotivierten Mitarbeiterin vor Augen führen. Der nächste Schritt besteht darin, dass Sie sich mit den Ergebnissen der Checkliste auseinander setzen und somit eine konkrete *To-Do*-Liste mit Handlungsempfehlungen zum zukünftigen Umgang mit anschlussmotivierten Mitarbeitern erstellen.

Checkliste: Was können Sie tun, um anschlussorientierte Mitarbeiter optimal zu motivieren?

Was können Sie tun? Tun Sie es bereits?	ja	Nein
Integrieren Sie sie/ihn in ein Team.		
Lassen Sie sie/ihn häufig mit anderen zusammenarbeiten.		
Übertragen Sie ihr/ihm integrative Aufgaben.		
Übertragen Sie ihr/ihm kommunikative Aufgaben.		
Geben Sie ihr/ihm viel Anerkennung.		
Bieten Sie ein gutes (harmonisches) Arbeitsklima.		
Übertragen Sie ihr/ihm die Verantwortung für gemeinsame Aktivitäten.		
Übertragen Sie ihr/ihm soziale Verantwortung in der Abteilung.		
Übertragen Sie ihr/ihm Mentoren-, Ausbildungs- und Betreuungsaufgaben.		
...		

Auf welche Punkte sollten Sie bei der Führung anschlussmotivierter Mitarbeiter achten?

Wie sich sicher bereits denken, bedeutet eine Anschlussmotivierung, dass diese Mitarbeiter oft den persönlichen Kontakt suchen werden. Für Sie als Führungskraft heißt das, viel Zeit investieren, um das vorherrschende Bedürfnis nach persönlichem Kontakt zu befriedigen. Des Weiteren sollten Sie wissen, dass diese Mitarbeiter sich stark an Ihrem Verhalten als Führungskraft orientieren. Sie sind (und müssen das auch sein) das Vorbild für Faktoren wie Authentizität und Gerechtigkeit. Ihre anschlussmotivierten Mitarbeiter möchten sich auf Spielregeln, Regularien der Organisation und des gemeinschaftlichen Zusammenlebens verlassen können. Nutzen Sie die Kontaktfreude dieser Mitarbeiter und übertragen Sie ihnen eine *lehrende* Funktion (Ausbilder, Einarbeitung neuer Mitarbeiter, usw.). Für das Gemeinschaftsverständnis und -empfinden Ihrer anschlussmotivierten Mitarbeiter sind betriebliche Feiern von hoher Wichtigkeit. Organisieren Sie regelmäßige Feste, Teamevents oder andere Anlässe bei denen Ihre anschlussmotivierten Mitarbeiter zusammen kommen können und ihr vorherrschendes Bedürfnis befriedigen können.

Die folgende Checkliste fasst für Sie alle wichtigen Punkte, die bei der Führung von anschlussmotivierten Mitarbeitern beachtet werden müssen, noch einmal kurz zusammen.

Checkliste: Was Sie bei der Führung anschlussorientierter Mitarbeiter beachten sollten

Führungsmittel
1. Zeit einräumen
2. Ansprache, Aussprache
3. Austausch und Meetings (regelmäßig und vorhersehbar)
4. Führungsverhalten: Authentizität, Gerechtigkeit, Vorbildwirkung
5. *Spielregeln* und verlässliche Regeln für die Organisation des Zusammenlebens
6. Funktionen in der und für die Gruppe übertragen
7. Aufgabe als Coach, Mentor oder Ausbilder geben
8. Verantwortung für die Einarbeitung neuer Mitarbeiter übertragen
9. außerordentliche Treffen ermöglichen
10. betriebliche Feiern veranstalten

Neben der Anschlussorientierung gibt es zwei weitere zentrale Motivationsformen, die Mitarbeiter antreiben können. Eine davon ist die Leistungsmotivation. Diese beschreiben wir im folgenden Abschnitt.

Woran erkennen Sie, ob Ihre Mitarbeiter leistungsmotiviert sind?

Auch hier ist es wieder hilfreich, wenn Sie sich Ihre verschiedenen Mitarbeitertypen vor Augen führen und sich überlegen, wer hiervon bereits öfters durch einen ausgeprägten Ehrgeiz und seine Freude am Wettbewerb aufgefallen ist. Beantworten Sie sich auch die Fragen in der folgenden Checkliste, indem Sie sich diesen Mitarbeitertyp vorstellen.

Checkliste: Ist Ihr Mitarbeiter leistungsmotiviert?

Verhalten	ja	nein
Sie/Er zeigt Freude an der eigenen Leistung.		
Sie/Er möchte die eigene Leistung ständig optimieren.		
Sie/Er misst sich gerne mit anderen.		
Sie/Er möchte die Leistung des Unternehmens steigern.		
Sie/Er plant ihre/seine Vorgehensweise.		
Sie/Er legt großen Wert auf Qualität.		
Sie/Er lässt sich gerne herausfordern.		
Sie/Er ist zielorientiert.		
Sie/Er hat Spaß daran, etwas zu entwickeln.		
Sie/Er vertieft sich in Konzeptionsaufgaben.		
Sie/Er braucht Raum, um sich zu entfalten.		

Sie/Er ist sehr konzentrationsfähig.		
Sie/Er ist detailorientiert.		
Sie/Er möchte mit der eigenen Leistung zufrieden sein können (ist es aber im Normalfall nicht).		
Sie/Er übernimmt Verantwortung für die eigene Leistung.		
Sie/Er freut sich über gute Ergebnisse.		

Man kann auch für diese Mitarbeitertypen eine zentrale, motivierende Kraft beschreiben. Es ist der Wille, etwas Eigenes zu schaffen. Diese leistungsmotivierte Grundorientierung können Sie sich mit dem folgenden Satz gut zusammenfassen und merken:

Das Motto der Leistungsmotivierten

"Ich will etwas besonders Gutes schaffen, bauen oder gestalten."

Was können Sie tun, um leistungsorientierte Mitarbeiter zu motivieren?

Bei der Checkliste, die Sie oben ausgefüllt haben, sind Ihnen sicherlich einige Verhaltensweisen des Mitarbeiters im Gedächtnis geblieben, die diesem Mitarbeiter besondere Freude bereiten. Aus diesen Verhaltensweisen können Sie für sich einige *To-Dos* ableiten, um diesen Mitarbeiter-Motivationstyp durch bestimmte Handlungen Ihrerseits zu weiterer Leistungsentfaltung zu bringen und so zufrieden zu machen. Im Folgenden haben wir Ihnen wieder eine Checkliste zusammengestellt, die Ihnen einige Anregungen gibt. Vielleicht erfüllen Sie bereits einige dieser Punkte intuitiv. Andere können Sie vielleicht noch zusätzlich in Ihr Verhaltensrepertoire aufnehmen.

Checkliste: Was können Sie tun, um leistungsorientierte Mitarbeiter optimal zu motivieren?

Was können Sie tun? Was tun Sie bereits?
Übertragen Sie ihr/ihm Aufgaben mit messbaren Ergebnissen.
Ermöglichen Sie ihr/ihm Erfolgserlebnisse.
Sprechen Sie Ihre Anerkennung (für ihre/seine Leistung) offen aus.
Bieten Sie ihr/ihm Herausforderungen an.
Bekunden Sie Ihr Interesse für ihre/seine geleistete Arbeit.
Übertragen Sie ihr/ihm fachliche Verantwortung.
Fördern Sie den positiven internen Wettbewerb unter diesen Mitarbeitern.
Übergeben Sie ihr/ihm strukturierte Projekte.
Lassen Sie ihr/ihm Freiraum bei der Aufgabenrealisierung.
Geben Sie klare Ziele vor oder vereinbaren Sie diese.
Haben Sie ein offenes Ohr für Ideen dieser Mitarbeiter.
Teilen Sie ihr/ihm neue und komplexe Aufgaben zu.
Geben Sie ihr/ihm zeitliche Begrenzungen vor.
Lassen Sie sie/ihn in Projekten arbeiten.
...

Worauf sollten Sie bei der Führung leistungsmotivierter Mitarbeiter achten?

Ziele. Das ist das allerwichtigste für Ihre leistungsmotivierten Mitarbeiter. Über Ziele definiert sich dieser Mitarbeitertyp. Denn Ziele haben eine strukturierende Wirkung und machen Erfolge messbar. Für Sie als Führungskraft ist es wichtig, dass Sie diesen Mitarbeitertyp immer wieder für die Zielerreichung loben und belohnen. Denn so können Sie ihn am besten motivieren und zufrieden stellen. Neben der Zielerreichung ist es diesem Mitarbeitertyp wichtig, sich mit anderen Kollegen zu vergleichen und in den Wettbewerb zu treten. So kann er am besten seine Leistungsmotivation frei entfalten. Dieser Mitarbeiter braucht eine klare Aufgabenstrukturierung. Nur so hat er das Gefühl, dass seine Arbeit wichtig ist und dass Sie ihn später an dem von ihm erbrachten Ergebnis messen können. Eines der wirksamsten Führungsinstrumente für diese Gruppe von Mitarbeitern ist daher das Projekt. Projekte machen Leistung erfassbar und messbar, sind in der Regel herausfordernd und bieten häufig ein nicht zu unterschätzendes Lernpotenzial. Im Laufe des Projekts kann der Mitarbeiter seine eigene Entwicklung bewerten und sich durch eigene Fortschritte motivieren.

Um Ihnen konzentriert aufzuzeigen, was Sie tun können, um leistungsorientierte Mitarbeiter zufrieden zu stellen, haben wir Ihnen die folgende Checkliste zusammengestellt.

Checkliste: Was Sie bei der Führung leistungsorientierter Mitarbeiter beachten sollten

Führungsmittel
1. Ziele vereinbaren
2. Erfolge messbar machen
3. Struktur geben und damit Vorhersehbarkeit erhöhen
4. Planung, Organisation und Gliederung der Aufgaben in Teilschritte
5. Vergleiche schaffen, Wettbewerbe ermöglichen
6. Lob oder Belohnung für die Leistung und nicht für das persönliche Verhalten im Anschluss an die Zielerreichung
7. Herausforderungen schaffen
8. Aufgaben mit Lernpotenzial
9. Zeit, Instrumente und Methoden zur Aufgabenklärung
10. Gut angelegtes Projekt als ideale Arbeitsform

Woran erkennen Sie, ob Ihre Mitarbeiter machtmotiviert sind?

Nun kommen wir zur dritten großen Gruppe der Antreiber von Menschen bei der Arbeit: der Machtmotivierung. Auch hier gehen wir wie bisher vor und werden Ihnen zunächst mit der folgenden Checkliste die Vorstellungen eines Mitarbeiters aufzeigen. Bitte holen Sie sich wieder einen Mitarbeiter oder eine Mitarbeiterin aus Ihrem Team vor Augen, der oder die Ihnen dadurch aufgefallen ist, dass er sich gerne in den Vordergrund bringt und ein besonderes Interesse daran hat, eine Position einzunehmen, die mit einem gewissen Status verbunden ist oder auch schnell Entscheidungen in größeren Runden für sich, aber auch für andere treffen kann.

Checkliste: Ist Ihr Mitarbeiter machtmotiviert?

Verhalten	ja	nein
Sie/Er legt Wert auf einen guten Ruf.		
Sie/Er übernimmt bereitwillig Verantwortung.		
Sie/Er ist pflichtbewusst.		
Sie/Er regt Veränderungen an.		
Sie/Er gestaltet gerne.		
Sie/Er genießt Freiraum.		
Sie/Er benötigt Statussymbole.		
Sie/Er ist nutzenorientiert.		
Sie/Er legt Wert auf die eigene Meinung.		
Sie/Er bringt sich oft und gerne ein.		
Sie/Er versucht, andere zu überzeugen.		
Sie/Er beweist Durchhaltevermögen.		
Sie/Er ist beständig.		
Sie/Er braucht Perspektiven.		
Sie/Er sucht sich einen eigenen Weg.		
Sie/Er will *nach vorne*.		

Der größte Antreiber für diesen Mitarbeitertyp ist es, ein Mitsprache- und Entscheidungsrecht zu erhalten. Die machtmotivierte Grundorientierung können Sie sich mit dem folgenden Satz gut zusammenfassen und merken:

Das Motto der Machtmotivierten

"Es ist nicht so wichtig, was wir hier wie tun. Hauptsache, ich habe wesentlichen Einfluss auf die Regeln."

Was können Sie tun, um machtorientierte Mitarbeiter zu motivieren?

Wie Sie es bereits durchgeführt haben, sollten Sie sich auch hier das beschriebene Verhalten und Motto Ihrer machtmotivierten Mitarbeiter vor Augen führen und sich eine konkrete *To-Do*-Liste erstellen, anhand derer Sie diesen Mitarbeitertyp motivieren können.

Checkliste: Was können Sie tun, um machtmotivierte Mitarbeiter optimal zu motivieren?

Was können Sie tun? Was tun Sie bereits?
1. Bieten Sie ihr/ihm die Möglichkeit, in der Öffentlichkeit zu stehen.
2. Übertragen Sie ihr/ihm Aufgaben mit erkennbarem Nutzen für ihn selbst.
3. Übertragen Sie ihr/ihm Stellvertretungen.
4. Stellen Sie ihr/ihm selbst zu verantwortende Ressourcen zur Aufgabenerfüllung bereit.
5. Übertragen Sie ihr/ihm Entscheidungsfreiheit.

6.	Übertragen Sie ihr/ihm Steuerungs- und Controlling-aufgaben.
7.	Delegieren Sie selbständig zu übernehmende Aufgaben-pakete.
8.	Zeigen Sie Vertrauen in die vorhandenen Fähigkeiten.
9.	Steuern Sie sie/ihn weniger.
10.	Übertragen Sie ihr/ihm die Verantwortung für Ergebnisse.
...	

Worauf sollten Sie bei der Führung macht-motivierter Mitarbeiter Ihren Fokus setzen?

Bei der Führung dieser Mitarbeitertypen ist es wichtig, dass Sie ihnen viel Verantwortung übertragen. Diese Verantwortung kann sich dabei auf einzelne Aufgaben beziehen oder aber auch umfassendere Tätigkeitsbereiche. Geben Sie Ihrem Mitarbeiter das Gefühl, dass er Einfluss hat, sprich, Entscheidungen treffen kann und bei wichtigen Fragen mit einbezogen wird. Sie dürfen diesem Mitarbeiter nicht das Gefühl geben, dass er übergangen wird oder gar ausgeschlossen wird bei sachlichen Entscheidungen. Sie können ihn ruhig in die Pflicht nehmen und an den Resultaten seines Handelns messen. Ihr machtmotivierter Mitarbeiter legt viel Wert auf Status und Prestige. Diese treiben ihn in seinem Verhalten an. Um Status und Prestige zu erreichen, muss er sich von der Masse absetzen können und durch einzelne Merkmale hervorstechen können. Helfen Sie Ihrem Mitarbeiter dabei. Motivieren Sie ihn beispielsweise durch sichtbare Statusmerkmale wie etwa einen Firmenwagen oder ein neues Handy.

Natürlich sollten Sie darauf achten, hier klare Grenzen zu setzen und andere Mitarbeiter nicht zu vernachlässigen. Aber nicht nur die Vernachlässigung anderer Mitarbeiter könnte ein Problem werden, auch das ungebändigte Machtmotiv Ihres Mitarbeiters könnte auch vor Ihnen keinen Halt machen. So könnte Ihr Mitarbeiter auch ab und an danach streben, Ihre Position zu übernehmen. Sie sollten also immer darauf achten, dass Sie Ihrem macht- motivierten Mitarbeiter in Ihrer Funktion einen Nutzen bieten und ein Vorbild sind. Zeigen Sie ihm, dass er noch viel von Ihnen lernen kann und gerade durch Sie erst viele Entscheidungen treffen kann, da er Ihren Rückhalt hat. Ein weiterer Aspekt neben Status und Prestige ist, dem Mitar- beiter genügend Freiräume und Perspektiven zu schaffen. In diesen Freiräumen soll der Mitarbeiter sich ausprobier- en und selbst gestalten dürfen. Diese Freiräume können Sie am besten gemeinsam mit Ihrem Mitarbeiter festle- gen. Fragen Sie ihn, wie er sich seine Entwicklung vorstellt und was er sich wünscht.

Um Ihnen die wesentlichen Punkte für die Führung eines machtmotivierten Mitarbeiters noch einmal aufzuzeigen, haben wir Ihnen die folgende Checkliste zusammenge- stellt. Gehen Sie dabei die einzelnen Punkte durch und fragen sich hierbei, welche Sie eventuell sogar schon erfüllen.

Checkliste: Was Sie bei der Führung machtorientierter Mitarbeiter beachten sollten

Führungsmittel
1. Verantwortung übergeben
2. In Führungsaufgaben einbeziehen
3. In die Pflicht nehmen
4. An den Resultaten ihres Handelns messen
5. Für Status und Prestige sorgen, aus der Masse herausheben
6. Grenzen aufzeigen
7. Nutzen bieten
8. Freiraum geben
9. Perspektiven geben
10. Gestalten lassen

Wir hoffen, Ihnen anhand der dargestellten Checklisten und Erläuterungen eine Hilfestellungen geboten zu haben, wie Sie Ihre unterschiedlich motivierten Mitarbeiter motivieren und führen können. Vielleicht fragen Sie sich aber jetzt, ob denn über diese drei genannten grundlegenden Motive nicht auch noch aktuelle und lebensphasenbezogene Bedürfnisse den Mitarbeiter in seinem Denken und Handelnd beeinflussen können. Auf diesen Punkt möchten wir im Folgenden eingehen.

Wie erkennen Sie Bedürfnisse Ihrer Mitarbeiter, die durch die aktuelle Lebensphase oder Lebenssituation geprägt sind?

Die bereits besprochenen grundlegenden Motivationen – Anschluss, Leistung und Macht – ändern sich durch aktuelle Bedürfnisse nicht. Dennoch ist es natürlich so, dass sich die Aufmerksamkeit Ihrer Mitarbeiter je nach Lebensphase und -situation nochmals auf unterschiedliche Ziele richtet. Häufig beschriebene grundlegende Bedürfnisse sind (Maslow, 1954):

- das Sicherheitsbedürfnis,

- das Bedürfnis nach sozialen Beziehungen,

- das Bedürfnis zu lernen und Anerkennung zu bekommen,

- das Bedürfnis nach Selbstverwirklichung.

Um diesen Bedürfnissen gerecht zu werden, können Sie sich für Ihr motivierendes Führungshandeln drei sich ergänzende Verhaltensweisen zu Nutze machen. Einerseits die unterstützenden, helfenden und einbeziehenden Verhaltensweisen. Hier können Sie sich sinnbildlich vorstellen, dass Sie Ihren Arm um die Schultern Ihrer Mitarbeiter legen. Andererseits die anspornenden und motivierenden Verhaltensweisen. Stellen Sie sich hier sinnbildlich vor, wie Sie Ihren Mitarbeitern mit ausgestreckter Hand den Weg weisen, den sie gehen sollen. Zu guter Letzt auch die zielsetzenden, steuernden und ausrichtenden Verhaltensweisen.

Wie werden Sie als Führungskraft dem Bedürfnis nach Sicherheit gerecht?

Beantworten Sie sich diese Frage selbst, indem Sie sich folgende Situation vorstellen:

Es steht eine Unternehmensfusion bevor, die personelle Veränderungen nach sich ziehen wird. Als Führungskraft gehört es zu Ihren Aufgaben, Ihren Mitarbeitern zu verkünden, was in dieser Situation auf sie zukommen wird. Ihr nächstes Gespräch führen Sie mit einer Mitarbeiterin, die erst seit kurzem in Ihrer Abteilung ist. Für diese Mitarbeiterin steht deutlich das Bedürfnis nach Sicherheit im Vordergrund, da sie bereits befürchtet, dass sie von den personellen Veränderungen betroffen sein wird.

Was glauben Sie, welche Erwartungen diese Mitarbeiterin an Sie formulieren würde?

Es könnte beispielsweise sein, dass sie von Ihnen als Führungskraft erwartet, dass Sie ihr in dieser unsicheren Situation sagen, was sie nun tun soll – Sie sollen ihr die fehlende Sicherheit zurückgeben.

Bei der Erfüllung dieser Erwartungen kann Ihnen die nachfolgende Checkliste als Hilfestellung dienen.

Checkliste: Was können Sie als Führungskraft tun, um dem Bedürfnis nach Sicherheit gerecht zu werden?

Unterstützendes Führungsverhalten	Steuerndes Führungsverhalten
Zeigen Sie Verständnis	Zeigen Sie zukünftige Möglichkeiten auf
Hören Sie mit echtem Interesse zu	Nennen Sie Handlungsmöglichkeiten
Sprechen Sie Ängste und Sorgen an	Definieren Sie Ziele
Bieten Sie Unterstützung an	Zeigen Sie Chancen auf
Suchen Sie gemeinsam nach Lösungen und Alternativen	...
Beziehen Sie die private und familiäre Situation mit ein	...
...	...

Wie werden Sie als Führungskraft dem Bedürfnis nach Beziehung gerecht?

Stellen Sie sich bitte die folgende Situation vor:

Die Integration eines neuen Mitarbeiters in das Projektteam wirft Probleme auf. Die Teammitglieder geben *dem Neuen* zu verstehen, dass sie ihn nicht akzeptieren, indem sie ihn meiden. An dem Verhalten des neuen Mitarbeiters – zunehmende Lustlosigkeit und Rückzug – erkennen Sie deutlich, dass er unter der Situation leidet und seine Motivation ernsthaft gefährdet ist. Welche Erwartungen würde dieser Mitarbeiter an Sie als Führungskraft stellen?

Wahrscheinlich wünscht sich dieser Mitarbeiter, dass Sie ihm Jemanden zur Seite stellen und ihm ein harmonisches Arbeitsklima ermöglichen.

Bei der Erfüllung dieser Erwartungen dient Ihnen die nachfolgende Checkliste als Hilfestellung.

Checkliste: Was können Sie als Führungskraft tun, um dem Bedürfnis nach Beziehung gerecht zu werden?

Unterstützendes Führungsverhalten	Steuerndes Führungsverhalten
Stellen Sie ihm einen Mentor zur Seite	Motivieren Sie die Vertrauensperson, die Patenschaft zu übernehmen
Bieten Sie sich als Gesprächspartner an	Erarbeiten Sie mit dem Paten einen klaren Einarbeitungsplan
Unterstützen Sie die Kommunikation dieses Mitarbeiters	Vereinbaren Sie mit dem Mitarbeiter Ziele
Wählen Sie eine Vertrauensperson als Paten, der Ihrem Urteil vertraut	Nennen Sie Wege, wie diese Ziele erreicht werden können
Fördern Sie das Selbstvertrauen des Mitarbeiters	Übertragen Sie ihm Aufgaben, die die Zusammenarbeit mit dem Team notwendig machen
...	Führen Sie kontinuierlich Feedback-Gespräche mit dem Mitarbeiter und dem Paten
...	...

Wie werden Sie als Führungskraft dem Bedürfnis nach Anerkennung gerecht?

Stellen Sie sich bitte die folgende Situation vor:

Eine junge Mitarbeiterin in Ihrem Bereich übernimmt gerne neue und auch schwierige Aufgaben. Ihnen ist aufgefallen, dass sie Ihnen ihre Arbeiten immer ausdrücklich zeigt und dabei offensichtlich auf irgendetwas wartet. In letzter Zeit ist die Mitarbeiterin Ihnen gegenüber jedoch eher reserviert und wirkt weniger motiviert als früher. Was erwartet die Mitarbeiterin von Ihnen als Führungskraft?

Wahrscheinlich wünscht sich diese Mitarbeiterin Lob und Bestätigung für ihre Leistungen.

Bei der Erfüllung dieser Erwartung dient Ihnen die nachfolgende Checkliste als Hilfestellung.

Checkliste: Was können Sie als Führungskraft tun, um dem Bedürfnis nach Anerkennung gerecht zu werden?

Unterstützendes Führungsverhalten	Steuerndes Führungsverhalten
Bezeugen Sie Ihre Anerkennung für erbrachte Leistungen	Geben Sie der Mitarbeiterin eine klare Zielsetzung vor
Beachten Sie die Vorschläge dieser Mitarbeiterin und versuchen Sie, diese aufzunehmen	Stellen Sie ihr herausfordernde Aufgaben
...	Setzen Sie Bewertungsmaßstäbe fest
...	Geben Sie kontinuierlich Feedback

Wie werden Sie als Führungskraft dem Bedürfnis nach Lernen gerecht?

Stellen Sie sich bitte folgende Situation vor:

Vor drei Monaten haben Sie einen Hochschulabsolventen als Ihren Assistenten eingestellt. Mit seiner bisherigen Entwicklung sind Sie sehr zufrieden. Der Mitarbeiter ist engagiert, motiviert und leistungsbereit. Sie haben festgestellt, dass er sehr schnell lernt und immer auf der Suche nach neuen Herausforderungen ist. Dieses Verhalten ist von Ihnen durchaus erwünscht, weswegen Sie es unbedingt erhalten wollen. Was erwartet dieser Mitarbeiter Ihrer Meinung nach von Ihnen als Führungskraft?

Das Verhalten des Mitarbeiters lässt darauf schließen, dass er wahrscheinlich möglichst viel dazulernen möchte. Er möchte gefordert und gefördert werden.

Bei der Erfüllung dieser Erwartung kann Ihnen die nachfolgende Checkliste als Hilfestellung dienen.

Checkliste: Was können Sie als Führungskraft tun, um dem Bedürfnis, zu lernen, gerecht zu werden?

Unterstützendes Führungsverhalten	Steuerndes Führungsverhalten
Geben Sie häufig Feedback	Zeigen Sie zukünftige Möglichkeiten auf
Sprechen Sie Anerkennung aus, zeigen Sie aber auch Verbesserungspotentiale auf	Definieren Sie Ziele
Fragen Sie nach persönlichen Zielen	Zeigen Sie Chancen auf

Bieten Sie Ihre Unterstützung an	Vermeiden Sie Überforderung und Frustration, aber genauso Unterforderung und Langeweile
Suchen Sie gemeinsam nach erweiterten oder neuen Aufgabenfeldern	Setzen Sie Leistungsanreize und Herausforderungen
Bieten Sie Fort- und Weiterbildung an	...
...	...

Wie werden Sie als Führungskraft dem Bedürfnis nach Selbstverwirklichung gerecht?

Das Bedürfnis nach Selbstverwirklichung ist das höchste und nach unserer Erfahrung am schwierigsten zu befriedigende Bedürfnis. Für Sie als Führungskraft ist es in den meisten Fällen nicht so einfach, dieses Bedürfnis lediglich durch eine Erweiterung des aktuellen Aufgabenbereichs zu befriedigen, da es häufig nicht um die rein berufliche Perspektive, sondern darüber hinaus um die persönliche Lebensplanung geht. Versuchen Sie sich trotzdem einmal in die folgende Situation hineinzuversetzen:

Sie haben ein gutes Verhältnis zu Ihrer Stellvertreterin, mit der Sie bereits seit einigen Jahren zusammenarbeiten. Sie führen häufiger intensive Gespräche, die über das rein berufliche hinausgehen und bis in die persönliche Lebensplanung reichen. Hierbei tauchen immer wieder Fragen nach dem Sinn des eigenen Handelns und der Selbstverwirklichung durch das eigene Tun auf. Sie wissen von Ihrer Mitarbeiterin z. B., dass sie den Wunsch hat, sich eine eigene Pferdezucht aufzubauen, ihr dafür aber die Zeit fehlt. Was könnte diese Mitarbeiterin Ihrer Meinung nach von Ihnen als Führungskraft erwarten?

Wahrscheinlich erwartet die Mitarbeiterin, dass ihr ihre Führungskraft auch in Lebensfragen zur Seite steht und ihr dabei hilft, den Sinn ihres eigenen Handelns zu entdecken.

Bei der Erfüllung dieser Erwartung dient Ihnen die nachfolgende Checkliste als Hilfestellung.

Checkliste: Was können Sie als Führungskraft tun, um dem Bedürfnis nach Selbstverwirklichung gerecht zu werden?

Unterstützendes Führungsverhalten	Steuerndes Führungsverhalten
Zeigen Sie echtes Interesse	Zeigen Sie zukünftige Möglichkeiten im beruflichen Umfeld auf
Gehen Sie auf Gesprächswünsche ein	Vereinbaren Sie Ziele
Fragen Sie nach persönlichen Zielen	Zeigen Sie Chancen auf
Bieten Sie Ihre Unterstützung an	Erweitern bzw. verändern Sie – wenn möglich – das Aufgabengebiet, um der Sinnfrage Ihrer Mitarbeiter gerecht zu werden

Suchen Sie gemeinsam nach Alternativen, die die Berufstätigkeit und die sinngebenden Interessen Ihrer Mitarbeiter vereinbaren	Lassen Sie sich nicht für das private Lebensglück von Mitarbeitern verantwortlich machen
Zeigen Sie Verständnis und geben Sie – wenn möglich – Freiräume	...
...	...

Das nachfolgende Arbeitsblatt auf Abb.1 kann Ihnen dabei helfen, Ihre Mitarbeiter nach ihrer primären Motivation und ihren aktuellen Bedürfnissen einzuschätzen und Ihr Führungsverhalten darauf auszurichten. Vielleicht mögen Sie noch einmal im Überblick bewerten, anhand welcher Verhaltensmerkmale Sie Ihre Mitarbeiter eingestuft haben und welche motivierenden Aufgaben Sie ihnen zukünftig zuteilen können.

Arbeitsblatt: Motivationstyp

grow.up.
Managementberatung

Zukünftige Aufgaben & Führungsverhalten

Mitarbeiter:		Motiv:	
Verhaltensmerkmale:		Zukünftige Aufgabenbereiche/ Zukünftiges Führungsverhalten:	
· ...		· ...	
· ...		· ...	
· ...		· ...	
· ...		· ...	
· ...		· ...	
· ...		· ...	

wachsen im eigenen Rhythmus

Abb. 1: Arbeitsblatt Motivationstyp und künftige Aufgaben/Führungsverhalten

Vermeidung von Demotivation

Beispiel:

- Sie haben bei der Zusammenstellung Ihres Teams darauf geachtet, dass alle Teammitglieder eine hohe Selbstmotivation mitbringen – dennoch haben Sie das Gefühl, dass die Leistungsbereitschaft Ihrer Mitarbeiter allmählich nachlässt. Da Sie sich allerdings nicht erklären können, woran das liegt, haben Sie auch keine Idee, was Sie dagegen tun könnten.

Wie erhalten Sie die Motivation Ihrer Mitarbeiter?

Ganz allgemein können wir Ihnen für die Beantwortung dieser Frage einen Merksatz an die Hand geben:

Wer erfolgreich motivieren will, muss zuerst einmal erfolgreich Demotivationsquellen beseitigen.

Sicherlich ist Motivation einer der Begriffe, die sich größter Beliebtheit erfreuen. Sie sollten sich jedoch selbst einmal die Frage stellen, ob Sie *das Pferd nicht von hinten aufzäumen,* wenn Sie lediglich darüber nachdenken, wie Sie die Motivation Ihrer Mitarbeiter erhalten können – denn ein wesentlicher Faktor der Motivation ist die Vermeidung von Demotivation.

Es gibt so viele Aussagen über Motivation, was ist denn nun richtig?

Seitdem Menschen versuchen, andere Menschen zu motivieren, gibt es viel Gutes, aber auch Irrtümer über das Thema Motivation. Drei weit verbreitete Irrtümer möchten wir Ihnen nachfolgend gerne vorstellen und ausräumen.

- Irrtum Nr. 1: Motivation ist einem gegeben – oder eben nicht

Oft wird Motivation als eine persönliche Eigenschaft angesehen, die man hat, oder eben nicht hat. Und weil Motivation als ein Teil der Persönlichkeit gilt, herrscht oft die falsche Annahme, dass an Demotivation bzw. fehlender Motivation auch nichts geändert werden kann. Dabei ist Motivation gar keine Eigenschaft der Persönlichkeit. Jeder Mensch hat in seinem Leben Bereiche, in denen er sich besonders oder eben weniger oder gar nicht engagiert; sei es im privaten oder im beruflichen Umfeld. Man kann nicht sagen, dass es jemanden an einer persönlichen Eigenschaft mangelt, nur weil derjenige an seinem Arbeitsplatz nicht die gewünschte Motivation zeigt.

- Irrtum Nr. 2: Motivation = Manipulation?

Oft wird Motivation mit Manipulation gleichgesetzt. Und *böse Zungen* behaupten vielfach, dass Führungskräfte Tricks kennen und anwenden, um Mitarbeiter zu *motivieren*. Dabei vergessen die Vertreter dieser Meinung offensichtlich, dass wenn das so wäre, es höchstwahrscheinlich gar kein Demotivationsproblem gäbe. Was durchaus richtig ist, ist, dass das Verhalten der Führungs-

kraft sich auch auf die Motivation der Mitarbeiter aus-
wirkt. Allerdings hat das weniger mit Tricks als vielmehr
mit Glaubwürdigkeit und Fairness zu tun.

- Irrtum Nr. 3: Geld ist der größte Motivator

Gerade Führungskräfte sind häufig davon überzeugt, dass
die Höhe des Gehalts den Motivationsgrad ihrer Mitarbeiter bestimmt. So gilt im Allgemeinen die Annahme,
dass, solange der Lohn stimmt, Mitarbeiter volles Engagement und Einsatzbereitschaft zeigen. Doch ist es wirklich
möglich, Demotivation langfristig durch höhere Gehalts-
zahlungen zu beseitigen? Sicherlich freuen sich Mitarbeiter über eine Gehaltserhöhung und arbeiten vielleicht
auch eine Zeitlang motivierter, dennoch gewöhnen sie
sich auch sehr schnell an ein gutes Gehalt. Dies reicht
langfristig gedacht nicht als Kompensation für andere be-
stehende demotivierende Faktoren.

Warum wird Geld hinsichtlich der Vermei-
dung von Demotivation so unterschiedlich
gesehen?

Um diese Frage zu beantworten, fragen Sie sich selbst
doch einmal, ob Ihr Gehalt der einzige Grund ist, warum
Sie arbeiten gehen oder ob es da vielleicht nicht noch ein
paar andere Einflussfaktoren gibt. Sicher werden Sie noch
einige andere Faktoren finden. Denken Sie zunächst an
den *Aufwand*, den Sie für die Erbringung Ihrer Arbeitsleis-
tung auf sich nehmen und fragen Sie sich dann, welchen
Ertrag Sie aus Ihrer Arbeit ziehen. Dazu können Sie gerne
die nachfolgenden Checklisten zu Hilfe nehmen. Wenn Sie

über Ihren *Ertrag* nachdenken, denken Sie bitte nur an die Dinge, die nichts mit Ihrem Gehalt zu tun haben.

Checkliste: Mein Aufwand

Was stellt sich für Sie als Aufwand dar?
• Stress
• Zeit
• Trennung von Familie, Freunden
• Kraft
• ...
• ...

Checkliste: Mein Ertrag

Was stellt sich für Sie als Ertrag dar?
• Lernen
• Anerkennung
• Erfolg
• Spaß
• ...
• ...

Wenn Sie die nachfolgende Abbildung (Abb. 2) und Ihre persönliche Aufzeichnung vergleichen, werden Sie sicherlich einiges, von dem was Ihnen gerade im den Sinn gekommen ist, wieder finden.

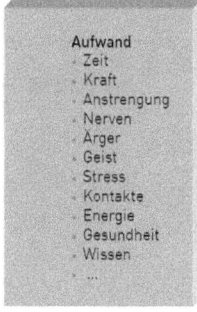
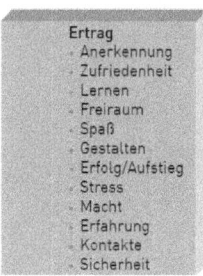

Abb. 2: Das Aufwands-/Ertragsmodell I

Es wird Ihnen auffallen, dass in Abb. 2 die Ertragssäule niedriger gezeichnet ist, als die Aufwandssäule. Dieses Phänomen ist in abhängigen Beschäftigungsverhältnissen überwiegend anzutreffen. Der *Ertrag* alleine wird nicht ausreichen, um täglich zur Arbeit zu gehen. Und wir dürfen auch nicht vergessen, dass wir natürlich auch arbeiten gehen, um unseren Lebensunterhalt zu finanzieren. Aus diesem Grund und um die Differenz zwischen Aufwand und Ertrag auszugleichen, gibt es die so genannte *Compensation*, also die Gehaltszahlung oder sonstige monetäre Anreize (siehe Abb. 3).

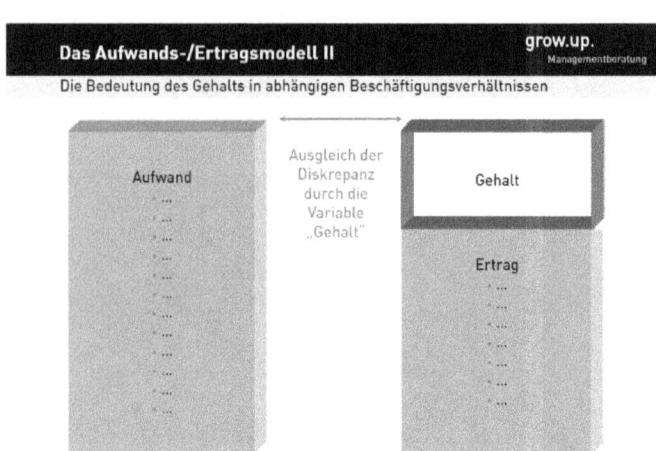

Abb. 3: Das Aufwands-/Ertragsmodell II

Demotivation entsteht dann, wenn der Ertrag einer Tätigkeit an für sich zu niedrig ist oder die Ertragssäule mit dem Gehaltsbestandteil niedriger als die Aufwandssäule ist.

Dass es zu solch einer Situation kommt, kann verschiedene Ursachen haben. Denkbar ist z. B. eine steigende Arbeitsbelastung, Umstrukturierungen, die den Arbeitsinhalt verändern, schlicht der falsche Arbeitsplatz oder die falschen Aufgaben für diesen Mitarbeiter oder aber auch ein schlechtes Klima, welches den persönlichen Ertrag des Mitarbeiters drastisch minimieren kann (denken Sie an die Mitarbeiter mit einer hohen Anschlussmotivation, siehe vorheriges Kapitel).

Das Aufwands-/Ertragsmodell macht deutlich, dass Sie bei Demotivation immer zuerst fragen sollten: Stimmt der *Ertrag*, den dieser Mitarbeiter aus seiner Arbeit zieht, für ihn noch oder fehlen ihm wesentliche Ertragsfaktoren? An diesen sollten Sie dann ansetzen; die Ertragsfaktoren müssen erhöht werden. Die Ertragsfaktoren können von Mitarbeiter zu Mitarbeiter sehr unterschiedlich sein: Erfolge, Herausforderungen, Klima, Spaß, Lernen und vieles mehr. Geben Sie dem Mitarbeiter mehr Geld, wird das nur für kurze Zeit zu einer Motivationssteigerung führen. Das eigentlich wichtige, der Ertrag, fehlt ja weiterhin. Gehen Sie gar nicht gegen die aufgetretene Demotivation vor, wird der Mitarbeiter früher oder später real oder aber innerlich kündigen.

Woran erkennen Sie, dass Ihre Mitarbeiter demotiviert sind?

Wenn Sie als Führungskraft gegen eine mögliche Demotivation Ihrer Mitarbeiter arbeiten wollen, ist es wichtig, sensibel für kleinere Anzeichen von Demotivation zu werden. Hier ist es notwendig, frühzeitig zu handeln, um eine langfristige und tiefgehende Demotivation zu vermeiden. Im Laufe unserer Zeit als Führungskräfte, sind uns immer wieder Anzeichen von Demotivation aufgefallen. Zum Beispiel gibt es manchmal Mitarbeiter, die vor kurzem noch motiviert waren und sich für das Unternehmen einsetzten, deren Motivation jetzt aber nachgelassen hat. Für diese Situationen, in denen Sie etwas über die (De-)Motivation Ihrer Mitarbeiter herausfinden möchten, kann die nachfolgende Checkliste für den Arbeitsalltag sehr hilfreich sein.

Checkliste: Warnsignale der Demotivation

Verhalten	ja	nein
Sind bislang aufgeschlossene Mitarbeiter schweigsam geworden?		
Werden Aufgaben unkritisch und unüberlegt umgesetzt?		
Nimmt das Interesse an einem reibungslosen Gesamtablauf ab?		
Kommen Mitarbeiter in letzter Zeit häufiger mal zu spät zur Arbeit?		
Nimmt die Bereitschaft ab, schwierige und komplexe Aufgaben zu übernehmen?		
Wird in letzter Zeit häufiger der Versuch einer *Rückdelegation* unternommen?		
Verwandelt sich die Kundenorientierung der Mitarbeiter immer mehr in Gleichgültigkeit?		
Nehmen Routinearbeiten mehr Zeit in Anspruch als nötig?		
Nimmt die Anzahl der Teilnehmer an Meetings und Besprechungen ab?		
Erklärt sich niemand mehr bereit, gemeinsame Veranstaltungen (z. B. Sommerfest, Weihnachtsfeier usw.) mit zu organisieren?		
Lassen Mitarbeiter sich ohne Widerstand Aufgaben übertragen, die sie allein aus zeitlichen Gründen gar nicht erledigen können?		
Informieren Mitarbeiter Sie nur noch unfreiwillig über den Stand der Aufgabenerledigung?		

Nehmen zwischenzeitliche Gänge zur Toilette, Kaffeeküche oder zu Kollegen mehr Zeit in Anspruch als früher?		
Melden Mitarbeiter sich häufiger krank als sonst?		
Drehen sich die Gesprächsthemen der Mitarbeiter immer häufiger um private Themen, statt um die Arbeit?		
Gibt es häufiger Unstimmigkeiten innerhalb Ihres Teams?		
Nimmt die Bereitschaft, Überstunden zu machen, ab?		
Nimmt die Anzahl der eingebrachten Verbesserungsvorschläge ab?		

Falls Sie mehrere dieser Aussagen mit *Ja* beantworten können, kann dies ein Hinweis darauf sein, dass die Mitarbeiter, für die das zutrifft, demotiviert sind. Das heißt aber nicht, dass Sie diesen für Sie als Führungskraft unerfreulichen Zustand nicht mehr verändern können. Sie können immer davon ausgehen, dass meist auch Ihre demotivierten Mitarbeiter den Wunsch in sich tragen, etwas zu leisten, zu gestalten und erfolgreich zu sein. Diesen Mitarbeitern fehlt oft nur der passende Rahmen, in dem sie ihren Wunsch umsetzen können und ihnen fehlt der *Ertrag* ihrer Arbeit.

Was sind die bei Mitarbeitern am häufigsten empfundenen Demotivationsfaktoren?

Wenn Sie als Führungskraft die Motivation Ihrer Mitarbeiter erhalten wollen, dann sollten Sie für die nachfolgend aufgeführten Demotivationsfaktoren aufmerksam sein und versuchen, sie von vorne herein gar nicht erst aufkommen lassen.

Häufig wirkt auf Mitarbeiter demotivierend, dass Führungskräfte: ...

- zu wenig Anerkennung aussprechen.
- ihre Mitarbeiter über- bzw. unterfordern.
- keine klare Orientierung vorgeben, sondern oft die Marschrichtung ändern.
- Regeln und Ziele nicht klar definieren und kommunizieren.
- sich ungerecht ihren Mitarbeitern gegenüber verhalten.
- keine ausreichenden Ressourcen zur Verfügung stellen.
- ihren Mitarbeitern Informationen vorenthalten.
- ihren Mitarbeitern keine Perspektiven bieten.
- unaufgeschlossen gegenüber Verbesserungsvorschlägen sind.

Was müssen Sie als Führungskraft tun, um Demotivation zu vermeiden?

Geben Sie Feedback: Anerkennung und Kritik

Jeder Mensch hat das Bedürfnis, geachtet und wertge-schätzt zu werden. Geben Sie als Führungskraft Ihren Mitarbeitern zu wenig Feedback, haben diese ernsthafte Schwierigkeiten, sich und die eigene Leistung richtig ein-zuschätzen: „Warum soll ich mich anstrengen, wenn ich gar nicht weiß, was gut und richtig ist und wenn es keiner sieht?"

Vorsicht: Überforderung und Unterforderung

Verteilen Sie Aufgaben unter Ihren Mitarbeitern immer dem jeweiligen Können entsprechend. Somit vermeiden Sie Angst vor Versagen und in der Folge Demotivation, ermöglichen Ihren Mitarbeitern aber gleichzeitig Erfolgs-erlebnisse, wenn die Aufgaben erledigt werden können. In diesem Zusammenhang sollten Sie sich an eine Ihrer Kern-Aufgaben als Führungskraft erinnern, die darin be-steht, Ihre Mitarbeiter zu fordern und zu fördern und sie somit zu *starken* Mitarbeitern wachsen zu lassen.

Geben Sie Orientierung

Geben Sie jedem Mitarbeiter einen Rahmen vor, indem er frei handeln darf. Je mehr der jeweilige Mitarbeiter kann und will, desto weiter sollten Sie den Rahmen anlegen. Ein großer Handlungsspielraum wirkt motivierend und befriedigt bei leistungsstarken Mitarbeitern den Wunsch nach Eigeninitiative und Selbstverantwortung. Bei Mitar-beitern, die noch intensivqualifiziert werden müssen, sollten Sie den Rahmen eher enger stecken, da in diesem Fall ein weiter Spielraum eher verunsichernd und beängs-tigend empfunden werden kann.

Geben Sie klar definierte Ziele

Eindeutige Ziele und das Wissen, was richtig ist und was Priorität hat, sind wirksame Motivationsinstrumente. Für jeden Mitarbeiter ist es enorm wichtig zu wissen, was sein Beitrag zu den Unternehmenszielen ist und welchen Sinn seine Arbeit für die Gesamtorganisation hat. Dafür ist es jedoch unerlässlich, dass jeder Mitarbeiter die Unternehmens- und Organisationsziele kennt, von denen seine eigenen Ziele abgeleitet werden.

Vermeiden Sie Ungerechtigkeit gegenüber Mitarbeitern

Hierunter fallen oft unschöne Verhaltensweisen, wie das Bevorzugen einiger Mitarbeiter oder die Inanspruchnahme von Sonderrechten und Privilegien seitens der Führungskraft. Aber auch Lob, das eine Führungskraft für gute Ergebnisse eines Gesamtprojektes erhält und das nicht an die am Projekt beteiligten Mitarbeiter weitergegeben wird, führt bei Mitarbeitern zu einem Ungerechtigkeitsempfinden und in der Folge zu Demotivation.

Achten Sie auf ausreichende Ressourcen

Bei mangelnden Ressourcen sollten Sie nicht nur an Arbeitsmaterial und Geld denken, sondern auch an Zeit und Kompetenzen. Übertragen Sie einem Mitarbeiter eine Aufgabe, die er aufgrund mangelnder Kompetenzen oder aufgrund fehlender Zeit gar nicht bewältigen kann, erreichen Sie bei diesem Mitarbeiter nur ein Gefühl der Überforderung, welches sich schnell in Demotivation wandeln kann, sollte dieser Zustand länger anhalten.

Geben Sie Informationen großzügig weiter

Bekommen Ihre Mitarbeiter keine ausreichenden Informationen, z. B. über ein zu erledigendes Projekt, fehlt ihnen meistens ein Blick für *das Ganze* und sie werden

anfangen über den Sinn und Unsinn ihrer Arbeit nachzu-
denken. Ist jedoch die Sinnfrage unklar, sind Mitarbeiter
oft nicht einverstanden mit dem, was sie tun und zeigen
immer weniger Bereitschaft, ihren Aufgabenbereich kompetent und verantwortungsvoll abzudecken.

Bieten Sie, wo möglich, sinnvolle Perspektiven

Es ist nicht nur eine in Aussicht gestellte Qualifizierung,
die Ihre Mitarbeiter motiviert, sondern auch eine klare
Perspektive, was sie mit ihren erweiterten Kompetenzen
anfangen können. Hoch qualifizierte Mitarbeiter sind
nicht automatisch auch motiviert. Ihre Motivation steigt
aber, wenn sie wissen, was sie mit ihren Fähigkeiten
erreichen können.

Seien Sie aufmerksam für Verbesserungsvorschläge

Sie können sich glücklich schätzen, wenn Sie als Führungskraft Mitarbeiter haben, die sich über ihren Arbeitsbe-
reich und den Gesamtablauf Gedanken machen. Offensichtlich haben Sie Mitarbeiter, die sich mit dem Unternehmen identifizieren und die sich mit der Optimierung
von Arbeitsabläufen beschäftigen. Vielleicht haben Ihre
Mitarbeiter Verbesserungsvorschläge, die deutliche Ver-
einfachungen bringen. Sie lassen sich also nicht nur offen-
sichtliche Optimierungen entgehen, sondern sorgen mit
dem Ignorieren von guten Verbesserungsvorschlägen
auch noch dafür, dass sich ein Gefühl von Demotivation
und unerwünschtem Engagement unter Ihren Mitarbeitern ausbreitet.

Es gibt also offensichtlich ein paar kleine Regeln, deren
Beachtung Sie ein ganzes Stück im Kampf gegen die Demotivation Ihrer Mitarbeiter voran bringt.

Formulieren Sie die Regeln als Fragen an sich selbst. Wenn Sie die Mehrzahl dann mit JA beantworten können, dürfen Sie ruhigen Gewissens davon ausgehen, dass Sie Ihren Mitarbeitern einen angemessenen Rahmen für die Steigerung ihres persönlichen Ertrags bieten. Sollten Sie einige Fragen mit NEIN beantwortet haben, fragen Sie sich bitte, auf welchen Ihrer Mitarbeiter dieser Zustand besonders demotivierend wirken könnte und versuchen Sie, durch die Einleitung entsprechender Maßnahmen diesen Zustand zu verändern. Im Folgenden fassen wir die Regeln zur Vermeidung von Demotivation für Sie zusammen:

- Angemessene Anerkennung der Arbeit

- Konstruktive Äußerung von Kritik

- Eignungs- und neigungsgerechte Aufgabenverteilung

- Ermöglichung von Erfolgserlebnissen

- Angemessene Vorgabe von Orientierung und Sicherheit

- Eindeutige Kommunikation von Regeln und Zielen

- Ermöglichung von Lernerfahrungen

- Gerechtes Verhalten gegenüber Mitarbeitern

- Bereitstellung eines angemessenen Freiraums

- Bereitstellung ausreichender Ressourcen

- Ermöglichung, *etwas zu erreichen*

- Gewährleistung eines transparenten Informationsflusses

- Angebot einer Perspektive in Bezug auf Entwicklungsmöglichkeiten

- Gemeinsame Besprechung von Verbesserungsvorschlägen

- Herausforderung durch *dosierten Stress*

Tipp:

Lassen Sie sich Ihre Ergebnisse aus Ihrer Analyse des Motiva-
tions- bzw. Demotivationszustandes Ihrer Mitarbeiter von
Ihren Mitarbeitern bestätigen, indem Sie sie bitten, die folgende Checkliste auszufüllen. Selbstverständlich können sie
die Checkliste nach ihren individuellen Bedürfnissen differen-
zieren.

**Checkliste: Wie nehmen Ihre Mitarbeiter ihre momen-
tane Arbeitssituation wahr?**

Aussage	Ja	Nein
Ich weiß, was an der Arbeit von mir erwartet wird		
Ich habe die Gelegenheit, das zu tun, was ich am besten kann		
Ich habe in den letzten 7 Tagen Anerkennung für meine Arbeit bekommen		
Mein Vorgesetzter zeigt Interesse an meinen Verbesserungsvorschlägen		
Ich werde in meiner Entwicklung unterstützt		
Ich habe den Eindruck, dass meine Tätigkeit für die Ziele des Unternehmens wichtig ist		
…		
…		

Können Sie bei jedem Ihrer Mitarbeiter gleich vorgehen, um Demotivation zu vermeiden oder sollten Sie differenzieren?

Wenn Sie Demotivation vermeiden möchten, sollten Sie jederzeit beachten, dass nicht jeder Ihrer Mitarbeiter die gleichen Bedürfnisse und Erwartungen in Bezug auf seine Arbeit hat. Fragen Sie sich immer: „Was *können* und *wollen* meine Mitarbeiter?" Denn was den einen Mitarbeiter motiviert, kann auf einen Anderen eine eher überfordernde Wirkung haben. Nehmen Sie sich ein paar Minuten Zeit und nutzen Sie die folgende Abbildung dazu, sich das gegenwärtige *Können* und *Wollen* für jeden Ihrer Mitarbeiter zu verdeutlichen.

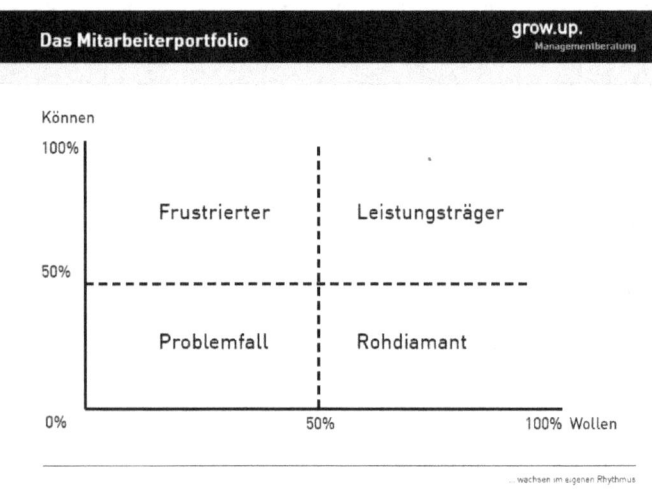

Abb. 4: Das Mitarbeiterportfolio

Wie vermeiden Sie Demotivation bei Ihren Leistungsträgern?

Leistungsträger sind diejenigen unter Ihren Mitarbeitern, die sowohl hohe Kompetenzen, als auch eine ausgeprägte Motivation besitzen. Daraus ergibt sich in diesem Fall für Sie die Aufgabe, die Motivation Ihrer Leistungsträger zu erhalten und diese Leistungsträger an Ihr Unternehmen zu binden. Um dieses Ziel zu erreichen, müssen Sie diesen Mitarbeitern vor allem eine Perspektive in Ihrem Unternehmen bieten. Besonders demotivierend wirken auf Ihre Leistungsträger Aufgaben, die sie unterfordern.

To-Do:

- Sprechen Sie mit Ihren Leistungsträgern über Karriere- und Nachfolgeplanung.
- Machen Sie Ihren Leistungsträgern deutlich, wo Sie Entwicklungschancen sehen.
- Bemühen Sie sich, einem Wunsch nach Weiterbildung nachzukommen (z. B. Seminare, Trainings etc.).
- Übertragen Sie Ihren Leistungsträgern herausfordernde Aufgaben bzw. solche Aufgaben, die aus bisher nicht bearbeiteten Gebieten stammen, die in angemessenem Umfang neu sind.
- Delegieren Sie mit den übertragenen Aufgaben auch die Verantwortung und Entscheidungen für diese.
- Lassen Sie Ihre komplexen Projekte von Ihren Leistungsträgern vor- und nacharbeiten.
- Vereinbaren Sie mir Ihren Leistungsträgern Ziele.

Wie vermeiden Sie Demotivation bei Ihren Rohdiamanten?

Viele Ihrer Mitarbeiter sind zwar motiviert, haben aber (noch) ein Defizit im fachlichen Bereich. Diese Mitarbeitergruppe nennen wir *Rohdiamanten*. Ihre Aufgabe besteht in erster Linie darin, die Kompetenzen und Fähigkeiten Ihrer Rohdiamanten durch gezielte Qualifikationsmaßnahmen zu fördern. Demotivierend dagegen wirken auf diese Mitarbeiter Aufgaben, die sie extrem unterfordern aber auch solche, die sie extrem überfordern. Ihre Herausforderung ist es, das richtige Maß zu finden.

To-Do:

- Übertragen Sie Ihren Rohdiamanten die Vor- und Nachbereitung weniger komplexer Aufgaben.
- Übertragen Sie stets klar abgegrenzte Aufgabenpakete.
- Halten Sie kurze Feedbackschleifen ein.
- Übertragen Sie Aufgaben mit eindeutigen und somit messbaren Zielen.
- Bieten Sie Ihren Rohdiamanten die Möglichkeit zur Mitarbeit an Projekten.
- Übertragen Sie solche Aufgaben, die das bisherige Kompetenzfeld des Mitarbeiters geringfügig überschreiten.
- Übertragen Sie auch Aufgaben mit Routinecharakter, die für den Mitarbeiter jedoch neu sind.
- Kommen Sie dem Wunsch nach Weiterbildung nach, regen Sie diesen auch selber an.

Wie vermeiden Sie weitere Demotivation bei Mitarbeitern, die zur Gruppe der Problemfälle gehören?

Ihre Problemfälle zeigen sich wenig motiviert und weisen auch nur geringe Kompetenzen auf. Es ist durchaus möglich, dass in diesen Fällen der den Mitarbeitern zugeordnete Aufgabenbereich nicht für diese Mitarbeiter geeignet ist. Fragen Sie sich also, ob hier *der richtige Mitarbeiter am richtigen Platz* ist. Kommen Sie zu dem Ergebnis, dass Aufgabenbereich und Mitarbeiter nicht zueinander passen, suchen Sie nach Möglichkeiten, dem Mitarbeiter andere Aufgabenbereiche zuzuteilen. Achten Sie jedoch immer darauf, dass die übertragenen Aufgaben nie den Kompetenzbereich des Mitarbeiters überschreiten. Damit lösen Sie gegebenenfalls weitere Demotivation aus. Liegt das Problem jedoch nicht in der Passung zwischen Mitarbeiter und Aufgabenbereich, sollten Sie entscheiden, ob Sie dem Mitarbeiter Qualifizierungsmaßnahmen mit Fokus auf seine Kompetenzverbesserung anbieten möchten, oder ob Sie sich von dem Mitarbeiter trennen können und wollen.

To-Do:
- Übertragen Sie nur diejenigen Aufgaben, die die Kompetenz dieser Mitarbeiter nicht überschreiten.
- Übertragen Sie nur klar und eindeutig definierte Aufgaben.
- Übertragen Sie zunächst Routineaufgaben, die Sie dann gegebenenfalls nach und nach erweitern.
- Kontrollieren Sie in kurzen Abständen die Arbeitsergebnisse.

- Erläutern Sie bei jeder Kontrolle die Erfolgskriterien und geben Sie konstruktives Feedback.
- Führen Sie, wenn nötig, Kritikgespräche.
- Machen Sie deutlich, wann welche Sanktionsmaßnahmen greifen und wenden Sie diese, wenn nötig, auch an.
- Machen Sie deutlich, dass Sie das nicht erwünschte Verhalten sehen und nicht weiter tolerieren werden.
- Bieten Sie gegebenenfalls Weiterbildungsmöglichkeiten an (nur wenn dies zu mehr Motivation führt).
- Geben Sie dem Mitarbeiter gegebenenfalls andere Aufgaben.
- Geben Sie dem Mitarbeiter, wenn keine Besserung eintritt und Sie sich nicht von ihm trennen können, Aufgaben, die auch bei nicht oder fehlerhafter Erledigung keinen Schaden anrichten.

Wie vermeiden Sie weitere Demotivation bei Ihren Frustrierten?

Ihre echten *Problemfälle* sind Mitarbeiter, die zwar viel können, dieses Können aber nicht (mehr) einbringen wollen. In diesen Fällen müssen Sie sehr individuell, aber möglicherweise auch selektiv vorgehen. Betrachten Sie jeden Einzelfall für sich und versuchen Sie, Ihre Frustrierten wieder zu Leistungsträgern werden zu lassen. Gehen Sie aber vorsichtig vor, denn wenn dieses nicht gelingt, besteht die Gefahr, dass Ihre Frustrierten-Mitarbeiter zu Problemfällen werden. In allen *Problemfällen* sollte Ihre Devise daher lauten: Finden Sie gemeinsam mit Ihren Mitarbeitern die richtigen Maßnahmen, Ziele und Perspektiven.

To-Do:

- Führen Sie regelmäßig und engmaschig Mitarbeitergespräche.
- Ergründen Sie, ob der Aufgabenbereich zum Mitarbeiter passt.
- Klären Sie, ob die Demotivation aufgrund eines Über- oder Unterforderungsproblems entstanden ist.
- Versuchen Sie herauszufinden, ob evtl. private Themen/Probleme die Ursache für die Demotivation Ihres Mitarbeiters sind.
- Prüfen Sie kritisch, ob ein Konflikt zwischen Ihnen und dem Mitarbeiter besteht.
- Finden Sie heraus, ob es im gesamten Team häufig zu Spannungssituationen kommt.
- Ergründen Sie die persönlichen Ziele des Mitarbeiters und besprechen Sie deren Erreichbarkeit.
- Fragen Sie nach Hemmnissen.
- Überlegen Sie, auch gemeinsam, welche Weiterbildungsmöglichkeiten für den Mitarbeiter in Frage kommen.

Durch dieses Buch sollten Sie jetzt einen guten Überblick über die verschiedenen Motive Ihrer Mitarbeiter haben und Ansatzpunkte, wie Sie die verschiedenen Bedürfnisse befriedigen und so Ihre Mitarbeiter langfristig an das Unternehmen binden können. Neben den verschiedenen Motiven haben Sie gelernt, welche unterschiedlichen Mitarbeitertypen es gibt und wie Sie diese Mitarbeiter durch entsprechende Methoden am besten führen. Um die einzelnen Themen noch weiter zu vertiefen, empfehlen wir Ihnen unsere Literaturhinweise am Ende des Buches.

Literatur

McClelland, D.C., Atkinson, J.W., Clark, R.A., Lowell, E.L. (1953). *The achievement motive.* New York: Appleton-Century-Crofts.

Maslow, A. H. (1954). *Motivation and Personality.* New York: Harper

Das LUXXprofile – Was motiviert Menschen wirklich?

Woran erkenne ich, ob der Mitarbeiter die richtigen Motive für den Job mitbringt? Wie kann ich herausfinden, welche Motive mein Mitarbeiter hat?

Fragen der Mitarbeiterzufriedenheit und -motivation werden viel diskutiert, beschäftigen Unternehmen und Forschung und stellen Führungskräfte vor eine große Herausforderung. Viele Fragen der unternehmerischen Leistungsfähigkeit stehen in engem Zusammenhang mit der Mitarbeiterzufriedenheit und -motivation:

- Wie können wir schon im Vorfeld an den Aussagen eines Bewerbers ablesen, ob dieser zum Job passt und dauerhaft zufrieden sein wird?

- Wie können wir unser Führungsverhalten hinsichtlich Kommunikation und Zusammenarbeit an die Motive der Mitarbeiter anpassen, um eine größere Motivation zu erreichen?

- Was müssen wir beachten, um Change- und Veränderungsprozesse erfolgreich zu gestalten?

... und vieles mehr.

Ein lösungsorientiertes und zielführendes Vorgehen für die Beantwortung dieser und ähnlicher Fragen, aber auch für Ihre ganz persönliche Entwicklung bietet die dynamische Persönlichkeitstheorie und das darauf basierende LUXXprofile. Dieses basiert auf den modernen Ansätzen der Motivationspsychologie und Grundgedanken der positiven Psychologie. Es wurde im Rahmen umfangreicher Forschungsarbeiten in 2016/2017 vom Team um Prof. Samuel Greif und Dr. Christoph J. Kemper an der Universität Luxemburg entwickelt. Dieser innovative Ansatz erlaubt nicht nur klare Aussagen dazu, was einen Menschen ganz konkret motiviert. Aus der Kenntnis der individuellen Motivationsprofile ergibt sich ein direkt umsetzbarer unternehmerischer Nutzen für verschiedene Anwendungsgebiete.

Unsere Leistung für Sie:

Unterstützt durch den Einsatz des LUXXprofiles bieten wir Ihnen Unterstützung...

- in der Personalauswahl und Potenzialeinschätzung,

- in der Führungskräfteausbildung und im Führungskräftecoaching,

- in individuellen Coachings und in der individuellen Karriereplanung.

Wir erarbeiten mit Ihnen gemeinsam tragfähige Lösungen...

- für eine Personalauswahl, bei der die Motive eines Menschen berücksichtigt werden,

- für kritische Situationen der Mitarbeiterführung und – motivation,

- für Fragen des Teambuildings und der Zusammenarbeit,

- in Konfliktsituationen.

Das LUXXprofile bildet die fundamentalen Motive und Werte eines Menschen ab und ermöglicht so ein umfassendes (Selbst- und Fremd-)Verständnis. Es wird verständlich:

- warum ein Mensch auf einen bestimmten Job passt oder auch nicht,

- was seine Persönlichkeit prägt,

- was ich als Führungskraft tun kann, um die persönliche Zufriedenheit, Effizienz und Leistungsfähigkeit durch passende Personalentwicklungsmaßnahmen zu optimieren,

- warum es in der Zusammenarbeit immer wieder zu Missverständnissen mit anderen kommt.

Weitere Informationen zum LUXXprofile finden Sie bei uns unter www.grow-up.de. Gerne stehen wir Ihnen auch telefonisch unter 02354/70890-0 zur Verfügung.

Literaturempfehlungen

Entdecken Sie weitere spannende und hilfereiche Bücher der **grow.up.-Reihe** *Führung TO.GO.* auf amazon.de:

- Junge Generationen wirksam führen, ISBN: 979-8308001089
- Erfolgreiche Führung durch Storytelling, ISBN: 979-8337841717
- Erfolgreiche Führung durch Resilienz und Stressmanagement, ISBN: 979-8328985710
- Wertschätzung als Instrument guter Führung, ISBN: 979-8322682387
- Coachingkompetent als Führungskraft, ISBN: 979-8393644987
- Erfolgreiche Führung mit dem Vierfarben-Modell, ISBN: 978-1540333735
- Erfolgreiche Führung durch Selbstführung, ISBN: 978-1523421688
- Erfolgreiche Führung durch Motivation, ISBN: 978-1517749477
- Erfolgreiche Führung durch Kommunikation, ISBN: 978-1523423682
- Feedbackkompetenz für Führungskräfte, ISBN: 978-1548914868
- Erfolgreiche Führung durch Delegation, ISBN: 978-1518717291
- Erfolgreiches Verhandeln für Führungskräfte, ISBN: 978-1544271309
- Leadership Culture. Führungskultur verstehen und leben, ISBN: 978-1983590245
- Agilität einfach erklärt, ISBN: 979-8610628653
- Scrum einfach erklärt, ISBN: 979-8619242232
- Design Thinking einfach erklärt, ISBN: 979-8652370466

Weitere Informationen

Weitere Informationen und spannende Themen finden Sie auch auf unserer Website unter **www.grow-up.de**.

Besuchen Sie unseren Blog unter **blog-grow-up.de**. Wir schreiben zu Management-, Führungs- und Personalthemen, heiß diskutierten Tools, wie z. B. Design Thinking, Digitalisierung und vielen weiteren für Sie relevanten und interessanten Themen.

Entdecken Sie die E-Learning Kurse in unserer grow.up. Academy **www.academy.grow-up.de**.

Auch in den sozialen Medien sind wir vertreten. Gerne bleiben wir so mit Ihnen in Kontakt.

Unseren **YouTube-Kanal** finden Sie unter folgendem QR-Code:

  Hier finden Sie **weiterführende Videos.**

Oder besuchen Sie uns auf **Facebook** oder **Instagram**:

 Senden Sie uns Ihre Meinung/Anmerkungen/ Fragen zu unserem Buch entweder per Mail an **lorenz@grow-up.de** oder machen Sie uns die Freude, und hinterlassen Sie uns Ihre Rezension direkt auf amazon.de.

Ihre Rezension

Die Autoren

 **Michael Lorenz** ist Geschäftsführer der grow.up. Managementberatung GmbH in Gummersbach. Vorher war er langjährig Geschäftsführer und Partner der Kienbaum Management Consultants GmbH und leitete den Geschäftsbereich Human Resources Management.

Michael Lorenz berät nationale und internationale Kunden seit 1988 in Fragen der Strategie, der Personalentwicklung und der Management-Diagnostik. Schwerpunkte seiner Arbeit liegen in der Prozessbegleitung und Moderation von strategischen Neuausrichtungs- und Umstrukturierungsprozessen sowie in der Ausrichtung von Servicebereichen. Weitere Schwerpunkte liegen in Trainings und Workshops für Manager und Führungskräfte in den Themenfeldern Management, Führung und Vertrieb und in der Konzeption, Implementierung und Projektleitung bei Personalentwicklungsprojekten.

In individuellen Coachings begleitet Michael Lorenz Manager bei persönlichen Veränderungs- und Entwicklungsprozessen in Führungs- und Positionierungsfragen. Er hat zahlreiche Artikel und Bücher zum Themenfeld Management, Führung und Human Resources veröffentlicht.

 **Dr. Saskia Lucht** ist seit 2012 Beraterin und Trainerin bei der grow.up. Managementberatung GmbH in Gummersbach. Sie studierte Psychologie mit dem Schwerpunkt Arbeits-, Betriebs- und Organisationspsychologie an der RWTH Aachen und absolvierte im Anschluss an

das Studium die Promotion der Psychologie ebenfalls an der RWTH Aachen.

Die Beratungs- und Tätigkeitsschwerpunkte von Frau Dr. Saskia Lucht liegen im Bereich der HR-Systeme und -Instrumente in der Konzeption von Personalentwicklungsinstrumenten, der Diagnostik (Durchführung und Auswertung von Persönlichkeitsfragebögen und Testverfahren), im Führen von Auswertungs- und Entwicklungsgesprächen, in der Entwicklung von Mitarbeiterbeurteilungs- und Zielvereinbarungsinstrumenten, in der Konzeption, Implementierung und Auswertung von Feedback-Instrumenten (Mitarbeiter/Führungskräfte/360°) sowie in der Konzeption und Begleitung von Auswahl- und Potenzialanalyseverfahren (Assessment Center, Orientierungscenter).

Trainings- und Workshopschwerpunkte liegen in den Themenfeldern Führung, Kommunikation, Selbst-, Stress-, Zeitmanagement, Personalmarketing und -auswahl.
Des Weiteren konzipiert und begleitet Frau Dr. Lucht Führungs- und Projektplanspiele sowie Train-the-Trainer Qualifizierungen.

Dr. Saskia Lucht ist Reiss Profile® Master.

www.ingramcontent.com/pod-product-compliance
Lightning Source LLC
Chambersburg PA
CBHW070949180526
45168CB00003B/1180